एक मुलाक़ात

Meet me somewhere quiet

Arundhuti Adhikari

BookLeaf Publishing
India | USA | UK

Made with ❤ on the BookLeaf Publishing Platform
www.bookleafpub.in
www.bookleafpub.com

Dedication

ये कोई साधारण कविताएँ नहीं,
ये उन इमोज़ीज़ की बारात है
जो मेरे दिमाग़ में 24x7, 365 दिन
झूमती, नाचती और कभी-कभी आँसू भी बहाती रहती हैं।
समर्पित है –
उन पागलपन भरे जज़्बातों को,
जो कभी हँसी बन जाते हैं, कभी आँसू, तो कभी मस्ती,
उन यादों को, जिनमें बचपन की खुशबू और कॉलेज की गप्पें बसी हैं,
और उन अनकही कहानियों को,
जो दिल के ड्राफ्ट बॉक्स में अब तक 'Send' होने का इंतज़ार कर रही हैं।

Preface

यह संग्रह, उन आवाज़ों का कोना है,
जो कभी माँ की थपकी में छुप जाती हैं,
तो कभी किसी सूखे पत्ते की तरह दिल से उतरकर काग़ज़ पर आ
जाती हैं।
इन पन्नों में 'नींद' बेचैन है,
'मुसाफ़िर' रुके बिना चलता है,
'खिड़की' किसी इंतज़ार में खुली है,
और 'लंच बॉक्स' अब भी बचपन की दोस्ती की ख़ुशबू लिए बैठा है।

'एक पुरानी किताब' अतीत के अक्षरों से बात करती है,
'फाउंटेन पेन' उन चिट्ठियों की स्याही लिए है,
जो कभी 'Letter Box' में पड़ी रहीं – खोली नहीं गईं, पर भूली भी
नहीं गईं।

यह संग्रह समर्पित है उन अनकहे सवालों, भूले-बिसरे अक्सों,
और हर उस 'अजनबी' को जो हमारे ही शहर में कहीं अपना ठिकाना
ढूँढ़ रहा है।

तो आइए –
इन कविताओं की गलियों में चलते हैं,
जहाँ हर शब्द एक याद है,
हर पंक्ति एक एहसास,
और हर शीर्षक –
आपके अपने जीवन का कोई भूला-बिसरा मोड़।

Acknowledgements

हर कविता के पीछे कोई चेहरा नहीं, पर एक एहसास ज़रूर होता है।
इस संग्रह के पीछे भी कई ऐसे एहसास हैं, जिनका शुक्रिया कहना
शब्दों से परे है।

सबसे पहले –
उन यादों का आभार,
जो वक्त के साथ धुंधली नहीं हुईं, बल्कि और गहरी होती गईं।

उन भावनाओं का धन्यवाद,
जो कभी मुस्कान में बदलीं, कभी खामोशी में और कभी कविता में।

माँ – तुम्हारा साया इस संग्रह की सबसे कोमल प्रेरणा रहा।

उन दोस्तों का शुक्रिया, जिन्होंने 'लंच बॉक्स की दोस्ती' में स्वाद भी
डाला और साथ भी।
उन शिक्षकों और पाठकों का आभार, जिन्होंने शब्दों के पीछे की
खामोशी को भी पढ़ा।

और उन अनदेखे-अनसुने पलों का भी,
जो 'एक अजनबी मेरे शहर' जैसी रचनाओं में साँस लेते हैं।

और अंत में –
आप सभी पाठकों को दिल से धन्यवाद,
जो इन पन्नों में खुद की परछाई ढूँढने आए हैं।

आपके बिना ये शब्द बस शब्द ही रह जाते, कविता नहीं बनते।

1. माँ

तुम कहती थीं –
तुम्हारी धड़कन में मैं हूँ,
तुम्हारे हर साँस मैं बसती हूँ।

हर गुफ़्तगू में, हर ख़ामोशी में,
किसी अनजाने चेहरे की झलक में
तुम मुझे ढूँढ़ लेती थीं।

तुम कहती थीं –
मैं दूर हूँ, फिर भी पास हूँ।

घर के हर कोने में
तुम मुझे महसूस करती थीं।
और बिना कोई वजह
मुझे ढूँडती थी।

तुम्हारे दिल के ऐलबम में
मेरे शरारत भरे दिन क़ैद हैं।
ये हमेशा मुझे कहती थी।

तुम अनजानों से मेरा ज़िक्र करती,
जैसे मैं तुम्हारे ही साथ हूँ।

धूप-छाँव भरी ज़िंदगी में,
मेरी एक छवि से
तुम पूरा दिन जी लेती थीं।

दर्द को छुपा लेतीं,
मुस्कुराकर ग़म पी जातीं।

मेरे उलझे बालों को सँवारती
और थकान जैसे उड़न छू हो जाती।

माँ...
आज बहुत थक गई हूँ।

कहाँ हो तुम?
अब तस्वीर से बातें करना नहीं चाहती।

तुम सच में सुन रही हो ना?
तो फिर जवाब क्यों नहीं दे रही?

क्यों ऐसी नींद में हो
कि मेरी पुकार भी तुम तक नहीं पहुँचती?

मैं थक गई हूँ माँ...
अब एक बार – बस एक बार

मुझे गले लगा लो।
आख़िरी बार।

2. मैं तेरे पास हूँ

तू कहाँ तक जाएगा?
लौट के मेरे पास ही आएगा।

अपने साये से दूर नहीं कर पाएगा,
मेरे बिना तू रह न पाएगा।

सुन, मैं तेरे पास हूँ।

माना, दिल में दर्द है,
कई सवालों ने तुझे घेरा है।

कई मोड़ों पे मुश्किलें भारी हैं,
मेरे न होने का तुझे ग़म है।

पर फ़िक्र मत कर,
सुन, मैं तेरे पास हूँ।

रेत पर तेरे पैरों के निशान,
यू जो पड़े,
जैसे मेरे साये पे

सूरज की पहेली किरण पड़े।

तेरे कदमों की नरमी में,
छिपा मेरा प्यार, तुझमें बसा है।

सुन, मैं तेरे पास हूँ।

ज़माना दीवाना है तेरे हुस्न का,
जलते हैं सारा परवाना तेरे आगे।

तू एक बार पलट कर देख,
तो कायनात भी तुझको देखने को तरसे।

पर ये भूलना मत,
सुन, मैं तेरे पास हूँ।

तेरी कहानियों में,
मैं खुद को तलाशता हूँ।

तेरी बंद आंखों में,
ख़्वाबों के बीच तेरा होना देखता हूँ।

तेरी नींद को,
आंगोश में ले लू।

तुझसे बस इतना ही कहूँ,
सुन, मैं तेरे पास हूँ।

3. मेरा आसमान

दिखता है मुझे...
मेरा आसमान।
टिमटिमाते तारों से सजा
एक बड़ा सा नीला मैदान।

कभी बादलों से घिरा
मेरे ख्यालों का तूफ़ान।
पर उसके सादगी को देखूँ तो
रह जाती हूँ हैरान।

दिखता है मुझे...
मेरा आसमान।

ढूँढ़ती हूँ उसमें बचपन के निशान,
शायद कहीं छुपा हो
मेरा वो पहला स्कूल,
या माँ की गोद में सुनी परियों की कहानी।

तेरे नीले कैनवस में
बसी है मेरी यादों की बारात।

तेरे हर कोने में
मैंने नक़्शे बनाए हैं –
आँखों से, सपनों से।

दिखता है मुझे...
मेरा आसमान।

दिन के उजालों में मैं अक्सर खो जाती हूँ,
हर सुबह की किरण में
तेरी यादों को खोजती हूँ।

जब तू धूप में मुस्कराता है,
तो मेरे चेहरे पर भी
एक नन्हा नूर खिल जाता है।

ख़ुशी और ग़म के बादल में
तू हमेशा मेरा वजूद बनके रह जाता है।

तेरे विशाल काया में
मैं ऐसे सिमट जाती हूँ
जैसे कोई बच्चा
माँ की कोख में सुरक्षित हो।

डर है...
कहीं ये ज़िंदगी आँख मिचौली न खेल जाए,

उससे पहले,
तेरे रंगों में
मुझे अपना ले –
मेरा वजूद बना ले।

क्योंकि...
दिखता है मुझे –
सिर्फ एक आसमान नहीं,
बल्कि... मेरा **आसमान।**

4. नींद

मुझे सुनहरा चाहिए था,
पर वो काला क्यों निकला?
मुझे सपना चाहिए था –
पर ये क्या?
नींद तो मुझसे कोसों दूर भाग रही है।

बैचैन हूँ,
अतरंगी हरकतें कर रही हूँ,
दिमाग़ में हलचल है –
नींद को कबसे आमंत्रण दे रही हूँ,
पर वो जाने कहाँ छुप गई है।

आँखें बंद है,
अंधेरे में उसे ढूँड रही हूँ।
खयालों का दरवाज़ा भी खुला है,
फिर भी – नींद मुझसे नाराज़ है।

कई दिन बीत गए,
पलकों पर थकन की परतें जम गई हैं।

हर रात कोशिश करती हूँ
उसे मनाने की,
पर शायद... नींद भी
अब अपने ही ख़यालों में खो गई है।

मेरे सपनों के किरदार
आसपास मँडरा रहे हैं,

पर मंच सूना है –
अगर तू (नींद) मुझसे रूठ गई,
तो उन्हें आवाज़ कौन देगा?
अरसा बीत गया,
हमें साथ हुए।
दिन... अब याद भी नहीं।

सुनो,
देर बहुत हो गई है –
सपनों के दरवाज़े अब भी तुम्हारे इंतज़ार में हैं।

5. मुसाफ़िर

मैं अक्सर सोचती हूँ –
मुसाफ़िर कैसे होते हैं?

क्या उनकी आँखों में
नींद के हल्के साये होते हैं?
या हर मोड़ पर
नए सपनों की तलाश होती है?

क्या वे वादियों के
गूंजते राग सुनते हैं?
या संध्या की धुंध में
यादों के संग खो जाते हैं?

क्या वो एक पल के लिए ठहरते हैं,
या चलते-चलते
अपने ही अतीत को पीछे छोड़ देते हैं?

हर ठिकाने पर
क्या वे एक नई कहानी बुनते हैं,
या बस पल-पल की रौनक में

बेआवाज़ बह जाते हैं?

क्या उनकी खामोश आँखें
अनकही बातें कहती हैं?
या चुप्पियों में
कोई राज छिपा लेते हैं?

मैं अक्सर सोचती हूँ –
मुसाफ़िर कैसे होते हैं?

क्या उनके दिल में भी
कोई अधूरे अरमान छुपे होते हैं?
या सफ़र की धूल में
हर दर्द को भुला देते हैं?

क्या उनकी जेबों में
पुरानी टिकटें और चिट्ठियाँ होती हैं?
या बस वक़्त के पन्नों पर
कई अधूरी बातों की सिलवटें?

क्या वो हर रास्ते की भाषा समझते हैं,
या रास्तों से भी सवाल करते चलते हैं?

कभी चुपचाप पत्थरों को छूते हुए,
कभी किसी फूल से मुस्कराकर बात करते हैं?

क्या किसी स्टेशन की भीड़ में

उनका कोई इंतज़ार करता है?
या वो खुद बन गए हैं
इंतज़ार की कोई धुंधली परछाई?

मैं सोचती हूँ...
क्या मुसाफ़िर भी कभी थकते हैं?
क्या उनकी आँखें भी
कभी किसी खिड़की की ओर
टकटकी लगाकर
ठहराव की दुआ माँगती हैं?
या फिर वो जानते हैं
कि रुक जाना ही एक अंत है,
और चलना ही
ज़िंदगी की सबसे सच्ची प्रार्थना?

मैं अक्सर सोचती हूँ –
मुसाफ़िर कैसे होते हैं?

और जब ख़ुद को देखती हूँ
इन सवालों के बीच चलते हुए –
तो लगता है,
शायद मैं भी...
कहीं से एक मुसाफ़िर ही हूँ।

6. एक पुरानी किताब

धूल की एक परत में लिपटी,
अलमारी के कोने में चुपचाप पड़ी थी,
वो पुरानी किताब,
जिसे बरसों पहले पढ़ा था –
या शायद **महसूस** किया था।

पन्ने कुछ पीले, कुछ मुड़े-तुड़े,
कुछ कोनों पर वक्त के निशान,
पर शब्द...
आज भी वैसे ही गूंजते हैं,
जैसे हर सपना में छुपा हो
एक भूला हुआ सपना।

जैसे किसी सूनी दोपहर में
दादी की कहानियाँ।
या गर्म चाय के साथ
बैठक की खामोशियाँ।

उसके बीच दबे सूखे फूल,
अब रंग नहीं छोड़ते,

पर उनमें अब भी बसी है
एक ख़ामोश महक –
बचपन की, पहली बारिश की,
और शायद... किसी अधूरी चिट्ठी की।

कुछ पन्नों में लिपटे हैं
मेरे पुराने आँसू,
कुछ में छुपी है हँसी
किसी भूले दोस्त की।

हर बार जब उसे खोलता हूँ,
वो किसी पुराने दोस्त की तरह
बिना कुछ कहे
सीने से लग जाती है।
कहती है –
"मैं आज भी वही हूँ,
बस तुम थोड़ा बदल गए हो।

तुम्हारे हाथों में अब
वक़्त की जल्दी बसती है,
पर मेरे पास अब भी
तुम्हारा इंतज़ार बाकी है।"

किताबें भी रिश्ते निभाती हैं,
बस आवाज़ नहीं करतीं।

वो बोलती हैं...

पन्नों की सरसराहट में,
भीतर की नमी में,
और हर उस मोड़ पर
जहाँ तुमने कभी खुद को खोया था।

अब जब ज़िंदगी तेज़ भागती है,
और वक़्त
बस स्क्रीन पर बीतता है,
तो कभी-कभी
उस किताब को खोल लेता हूँ –
ना पढ़ने के लिए...
बस **खुद से मिलने के लिए।**

क्योंकि वो पुरानी किताब
सिर्फ़ शब्द नहीं रखती,
वो रखती है मुझे –
जैसा मैं कभी था,
जैसा मैं अब भी... कहीं भीतर हूँ।

7. लंच बॉक्स की दोस्ती

हर दिन की तरह स्कूल की घंटी बजी,
अध्यापक की आवाज़ जैसे कहीं खो गई।

नज़रें खिड़की से बाहर, दिल रोटी के पास,
कभी माँ के हाथों की ख़ुशबू, कभी यारों का एहसास।

बैग के नीचे छुपा वो स्टील का डिब्बा,
कभी गरम, कभी ठंडा – पर सदा अपनों से भरा।

तू पास आ जाता, बिन कहे ही,
जैसे भूख से ज़्यादा, तुझको मेरी थाली से प्यार हो कहीं।

"क्या लाया है?" – पूछता नहीं,
सीधा ढक्कन खोल, रोटी का एक टुकड़ा चुरा लेता तू वहीं।

मैं मुस्कुरा देता, कभी न झुंझलाता,
क्योंकि उस एक निवाले में, दोस्ती का स्वाद समाता।

तेरे डिब्बे से आती थी इडली की ख़ुशबू,

मेरी सब्ज़ी संग जब मिलती, बनती नई रस्म कुछ यूँ।

तेरी अम्मा का सांभर, मेरी माँ की दाल,
मिलकर बन जाते जैसे रिश्तों की मिसाल।

कभी अचार बदलते, कभी कचौड़ी,
कभी पेपर में लपेटे हुए नमकीन की गोली।

खाने के साथ-साथ, साँझा होते हमारे राज़,
पढ़ाई, प्यार, डर – सब कुछ हो जाता उजागर उस स्वाद के आगाज़।

लंच खत्म होता, पर हम नहीं,
छोटे छोटे टिफ़िन में, जैसे एक दुनिया बसती थी कहीं।

तू मुझसे लड़ता, रूठ जाता कभी,
तो अगली सुबह तेरे डिब्बे में मेरी पसंद की चीज़ रखी मिलती थी सही।

कितनी बार तुझसे नकल की नोटबुक माँगी,
पर असली सौदा, तेरा टिफ़िन था जो मैंने माँगा कई बार, हँसी में ढँकी।

तू हर बार देता, बिना हिसाब,
क्योंकि हमारी दोस्ती थी – नाप-तौल से परे, बेहिसाब।

वक़्त गुज़रा, स्कूल पीछे छूट गया,
बड़े हो गए हम, और लंच बॉक्स बदल गया।

अब प्लास्टिक के डब्बों में खाने की बात कम,
और मोबाइल में व्यस्तता ज़्यादा हो गई हरदम।

पर यक़ीन मान, जब भी पराठे के साथ अचार खोलता हूँ,
तेरी वो इडली, वो सांभर, अब भी मन में गूंजता है कहीं दूर से।

माँ अब नहीं, पर उनकी बनाई यादें बाक़ी हैं,
और उन यादों में तू –
मेरे टिफ़िन का सबसे प्यारा साथी है।

8. सच-झूट का आमना सामना

जितना भी गुज़र रहा है
वक़्त की रेत की तरह –
उंगलियों से फिसलता,
हर कण में कुछ सच, कुछ झूठ
आपस में उलझे धागों सा
मुझे घेर लेता है।

ऐसा महसूस होता है कि
इनमे एक अजीब रिश्ता है।

दोनों के हिस्से का जो 'सच और झूट' का उपमा है,
वो एक धुँधली सी चक्रव्यूह है,
जिसमें हर मोड़ पर
अपनी ही परछाइयों से
भिड़ना पड़ता है।

'सच' की सच्चाई से अगर बाहर निकलू
तो सच के 'झूट' में पैर रखती हूँ।

झूट के इर्द-गिर्द

एक तरह की सच्चाई रहती है –
जो 'झूट' को सम्भाल के रखता है।
जैसे टूटी हुई खिड़की पर
एक परदा टाँग देना,
कि बाहर की आंधी न दिखे
पर भीतर की बेचैनी बनी रहे।

ये एक अजीब कश्मकश है।

डर है की
कहीं मेरा ज़िंदा होने का 'सच'
'झूट और बेमतलब' न बन जाए।

या शायद वो सच
जिसे मैं वर्षों से जीती आई हूँ,
ख़ुद बेमतलब हो जाए।

सच जब आँखों में आँसू भर लाता है,
तो झूट हँसकर कहता है –
"देख, मैं कम से कम सुकून देता हूँ!"
और मैं उस सुकून की तलाश में
हर रात करवट बदलती हूँ –
सच की सच्चाई लेकर
या झूट की राहत ओढ़कर।

मैंने जिया है इन दोनों के बीच –
झूट, जो कभी-कभी

मासूमियत का मुखौटा पहन लेता है,
और
सच, जो निर्वस्त्र खड़ा होकर
मुझे मेरी ही आँखों में
शर्मिंदा कर देता है।

हर दिन एक युद्ध है,
और हर रात –
सिर्फ़ एक सवाल:
क्या मैं वो सच चाहती हूँ
जो मुझे तोड़ दे,
या वो झूट
जो मुझे जीने का भ्रम दे?

9. खिड़की

क्या सपनों को जिया जा सकता है?
इस प्रश्न को मैं, रोज़ उससे पूछती हूँ –
अपने टेबल के ठीक सामने वाली
उस पुरानी खिड़की से।

वो एक टक मुझे देखता रहता है –
जैसे सालों से कोई जवाब टँगा हो
उस लकड़ी की चुप्पी पर।

उसके तन पर टँगा सफेद पर्दा,
हवा की हल्की थाप से उठता,
कभी मेरे चेहरे को छूता,
कभी लिपट कर खुद ही में सिमट जाता।

जैसे वो भी कभी
किसी सपने में उड़ना चाहता था।

वो खिड़की –
जिससे मैं कई सालों से
हर मौसम को आते-जाते देखती रही हूँ,

पर अब उस पर
धूल की परतें चढ़ने लगी हैं –
किसी भूले हुए वक़्त की तरह।

शायद इसलिए
मेरे प्रश्न की गंभीरता से
वो परिचित नहीं है।

मैंने थककर
सपनों का सवाल करना बंद कर दिया है।
अब बस
उसके पास बैठती हूँ।

चाय की प्याली थामे,
और भीतर ही भीतर
उससे दोस्ती निभाती हूँ।
पर सवाल नहीं करती हूँ।

मैं अब उसे भी
एकटक देखती हूँ,
जैसे वो कभी मुझे देखा करता था।

उसके बदन पे
कितने धूल है।

मिटाने गई तो,
तो ऐसा लगा

उसने फुसफुसाकर कुछ कहा:

"मेरे अस्तित्व को मत मिटाओ।
ये धूल नहीं,
मेरा गुज़रा हुआ कल है।
हर धूल का कण –
किसी मौसम, किसी ख्वाब, किसी इंतज़ार की निशानी है।
इसमें मेरी साँसें बसी हैं।
ये धूल नहीं
मेरा गुज़रा हुआ कल है।

मेरे आने वाले पल भी
इसमें समा जाएगा।"

मैं चौंक गई।
क्या धूल भी
अस्तित्व हो सकती है?

क्या समय की परतें
कभी हमारी पहचान बन जाती हैं?

जैसे मेरा ही सपना
किसी दिन
इसी खिड़की की दरारों में
छुपा बैठा था।

उसका जवाब आया –

कहीं दूर से,
या शायद मेरे भीतर से:

"***हमारा अस्तित्व भी
एक ऐसा सपना ही तो है,
जिसे जीने के लिए
हम रोज़ एक नया दिन चुनते हैं।

सपना तब हक़ीक़त बनता है,
जब बीते लम्हे
आने वाले पलों से हाथ मिला लेते हैं"***

अब जब भी मैं
उस खिड़की के पास बैठती हूँ,
सपनों से सवाल नहीं करती –
बस जीती हूँ।

हर उस लम्हे को
जो वहाँ धूल बनकर
रुका है,
चुपचाप।

10. ख़त और सूखा पत्ता

आज मुझे वो ख़त मिला –
वही, जो देने से पहले
तुम्हारे हाथ काँप गए थे कभी।

काग़ज़ की तहों में
एक झिझक अब भी बंद थी।

हर शब्द में
एक रुक-रुक के बहता जज़्बा –
जैसे दिल की स्याही से
निभाई गई कोई अधूरी इबारत।

क्यों थी वो हिचकिचाहट?
क्यों तुम्हारे होंठ तक आते आते
वो शब्द ठिठक गए थे?

मैंने कभी पूछा नहीं –
पर दिल के किसी कोने में
हर चुप्पी के बाद
वो सवाल गूंजता रहा।

उस दिन बारिश हल्की थी,
हवा में थोड़ी सी नमी,
और तुम्हारी आँखों में –
कोई तूफ़ान थमा हुआ।
वही शाम थी
जब मेरा जीवन
एक नई शाख़ की तरह
भीग गया था –
उस पहले ख़त की बारिश में।

उसी लिफाफे में
एक सूखा पत्ता भी था –

हल्के भूरे रंग का,
जैसे पतझड़ की साँझ में
किसी आख़िरी उम्मीद ने
अपने कपड़े उतार दिए हों।

बारिश में भीगी
मेरे जीवन का पहला ख़त –
जिसमें तुम्हारे अनकही बातों का समुंदर समाया हुआ था।

मैं उस शाम समझ नहीं पा रही थी कि
इस समुंदर को में कहा छपाऊँ?
क्या इसकी ज्वारभाटा से
हमारे ज़िंदगी में कोई तूफ़ान न आ जाए?

ये ख्याल बार बार मेरे दिल को परेशान करती।

सो मैंने उसे
अपनी किताबों की भीड़ में
एक डायरी के अंदर छुपा दिया –

एक ऐसी जगह,
जहाँ केवल यादें ही जाती हैं
और लौटती नहीं।

कभी-कभी वो पन्ने
अपने आप खुल जाते थे,
जैसे ख़त अब भी मुझसे
कुछ कहने को अधीर हो।

अब, जब एक युग बीत चुका है,
और हम फिर मिलने वाले हैं,
मैं वही ख़त
और वो सूखा पत्ता लेकर आऊँगी।

पर इस बार,
मेरी आँखें तुमसे सवाल करेंगी –
सिर्फ़ पढ़ने के लिए नहीं,
बल्कि जवाब पाने के लिए।

क्यों भेजा था वो पत्ता?

क्या वो
उस शाम की मुरझाई हुई उम्मीद थी?
या किसी आख़िरी बहार की निशानी?

जब तुम आओ इस बार,
मेरे सामने बैठ जाना –
ना मोबाइल की रौशनी,
ना घड़ी की टिक टिक।

बस तुम्हारी आँखें
और मेरे शब्दों की धड़कन।

क्योंकि इस बार
मैं ख़ामोश नहीं रहूँगी।
इस बार
तुम भी चुपचाप मत जाना।
मेरे सवालों के साथ
कोई जवाब
साथ लाना।

11. Fountain pen

वो कहते है न
शौक अगर आदत बन जाए
तो शौक,
आदत के उलझन में कहीं उलझ जाता है।

पहले वो आदत बस एक ख़ास दिन
के इंतज़ार में होता था।
फिर वो आदत
हर महीने का हो गया।

शौक का एक अपना
वजूद होता है।
उसकी ख़ासियत ही है
किसी ख़ास अवसर पर
उस शौक़ को जिया जाए।

मेरा शौक था
Fountain pen
जो मुझे मेरे जन्मदिन के तौफ़े
में मिलता था ।

बाबा और मुझे उस खास दिन का
पूरे साल भर इंतज़ार होता था।

उनके हाथों से जब
मुझे पहेली बार Fountain pen
छूने का अवसर मिला,
मैं आँखों को मलती रही
की ये सपना तो नहीं है।

कुछ महीनों के बाद
वो कलम, मेरे किसी ख़ास दिन के
इंतज़ार में नहीं रहता था।

बल्कि हर महीने
उसके नए दोस्त आते थे।
कभी सुनहरी, कभी नीला
तो कभी काली रंग में चमकता उसका
धातु का देह।

आज मैंने वो box खोला –
धीरे, ऐसा लगा
जैसे किसी भूली हुई याद को मैं छूँ रही हूँ।

धूल की परत के नीचे
एक नीली चमक झाँकी –
वो मेरा पहला Fountain pen था।

जो अब भी वहीं था,
बस थोड़ा थका हुआ,
थोड़ा खामोश।

उसे उठाते ही
एक झुर्रियों वाला स्पर्श याद आया –
बाबा का हाथ
जो हर साल मेरी हथेली में
उस कलम को सौंपता था
जैसे कोई सपना दे रहा हो।

मैंने उस कलम को काग़ज़ पर चलाने की कोशिश की –
स्याही तो अब नहीं थी,
पर वो रेखा जो उभरी,
वो सीधी दिल तक गई।
उसने जैसे कहा
"मैं आज भी वही हूँ,
बस तू अब जल्दी में है।"

वो कलम अब नहीं लिखती,
पर उसकी निब से निकली हर स्याही
अब भी मेरी डायरी में साँस लेती है।

जैसे जैसे उम्र बड़ती गई
ठीक वैसे दुकान से Fountain pen
अलविदा करते गए।

मैंने ढूँडा बहुत उन्हें
हर शहर
पर बिन बोले वो कहीं चले गए।
और हमेशा के लिए
मेरे यादों में बस गए।

आज मेरे पुराने diary ने जब पूछा
उनका पता,
तो यादें ताज़ा हो गई।

मेरा वो पहेला Fountain pen
धूल से भरी box में नज़र आया।

कभी-कभी,
शौक सिर्फ़ आदत नहीं बनते,
वो हमारी पहचान में
एक विराम चिह्न की तरह रह जाते हैं –
जहाँ हम ठहर कर
फिर से जी सकते हैं
एक पुराना दिन।

12. एयरपोर्ट

'अलविदा, फिर मिलेंगे'
ये बात मुझे कहने में
झिझक सा लगता है।
शायद उस दिन तुमसे
इसलिए और कुछ कह नहीं पायी।

धुंधली सुबह, भीड़ का शोर,
ट्राली में लादे कुछ सपनों का भार।

आसपास अनजाने चेहरों
का भीड़।
घड़ी की सुइयाँ
ऐसे दौड़ रही थी
की जैसे उन्हें भी अपने सपनों
को जीने की उड़ान भरने को था।

पासपोर्ट, टिकट्स और बैग
अपने अपने तक़दीर आजमाने
कतार में खड़े हो गए।

मेरी आँखें बस उस gate तक रुकी हुई थी
जहाँ बस मेरा साया ही
आगे तुम्हारे साथ सफ़र में होगा।

यहाँ कोई अपनों से
बिछड़ रहा है ।
तो कोई अपनों से
अरसों बाद मिल रहा है।

मैं कश्मकश में थी
ऐसा क्या कहु तुम्हें ?
जो तुम्हें यहाँ वापस बुलाये
पर तुम्हारे सपनों से मुलाक़ात के बाद ।

शायद इसलिए तुमसे गले लगने में
एक हिचकिचाहट थी।
"अलविदा, फिर मिलेंगे"
बस इतना कह सकी।

"ख़्याल रखना," तुमने कहा,
जैसे वो तीन शब्द,
सब कुछ कह गए हों,
जो गले से नहीं, दिल से निकले हों।

कुछ और अधूरी बातें कहने की मोहलत न मिली,
न कोई आख़िरी तस्वीर खींच सकी।
बस सिक्योरिटी की रेखा ने

दो दिलों को दो देशों में बाँट दिया।

वो आख़िरी बार,
जब तुम्हारी पीठ मेरी आँखों से
धीरे-धीरे ओझल हो रही थी,
मैं वहीं खड़ी थी –
अपने भीतर टूटती आवाज़ों को
जोड़ती हुई।

तुम्हारी परछाई दूर होती रही,
मेरी पलकों से बूँद बनकर टपकती रही।

मैं पूरे रास्ते ये सोचती रही
की ये आख़िरी बार तो नहीं?
तुमसे क्यों और कुछ
कह नहीं पायी?

लोग कहते हैं –
"एयरपोर्ट बस एक जगह है,"
पर मैंने वहाँ बिछड़ते हुए वक़्त को
रोते देखा है।

एयरपोर्ट के उस कोने में
जहाँ हम खड़े थे,
एक Coffee Cup अब भी अधूरी पड़ी है
(मेरे ख़्यालों में),
जिसे हमने जल्दी में छोड़ दिया था

“Next time साथ पिएँगे...” कह कर।

आज भी वो मुलाक़ात
मेरे रूह में ज़िंदा है।

कहते हैं,
हवा में सबसे तेज़ उड़ान जहाज़ की नहीं होती,
बल्कि उन ख़्यालों की होती है
जो किसी की आँखों से
कभी वापस नहीं लौटते।

आज भी जब किसी को
विदा करता देखती हूँ,
तो तुम्हारी आँखों की वो आख़िरी नमी
मेरे भीतर कुछ नम कर जाती है।

"अलविदा, फिर मिलेंगे" –
अब ये शब्द
मेरे लिए सिर्फ़ एक वाक्य नहीं,
एक वादा हैं –
जो मैंने उस सुबह ख़ुद से किया था।

13. अक्स

बचपन में माँ कहती थी
अपने अक्स से नज़र मत मिलाना ।
कभी नहीं पूछा 'क्यों'?

बहुत कोशिश करती थी
उससे नज़र न मिलाऊँ।
पर आख़िर में
हम मिल ही जाते थे।

मेरे अक्स के साथ साथ
बाक़ी और भी उसके दोस्त थे।

जीवन के राह में
मेरा प्रार्थिक शरीर
कई चेहरो से मिल रहा था।
इसलिए अकेला महसूस
उसने कभी नहीं किया।

आज जब मैं
पहाड़ों से नीचे उत्तर रही हूँ।

मेरा अक्स मुझसे आँख
नहीं मिला रहा है।

मैं उसको
अपने भीतर ढूँड रही थी।

अरे, ये तो यही है।
ठीक नदी के नीचे।
मैं पहाड़ों से थककर
नीचे नदी में पानी पीने गई
और मुझे मेरा अक्स दिखा।

मैंने उससे पूछा
'मेरा साथ छोड़ दिया?'

उसका जवाब आया
'मैं अपने साथियों को ढूँड रहा हूँ'।
'तुम्हारे तरह ऐसे कई मुसाफ़िर आए होंगे
इस नदी में पानी पीने,
शायद उनका अक्स भी इस नदी में
कहीं खो गया है'।

मैं अचंभित हो गई।
वो कैसे व्याकुल होके
अपने साथियों को ढूँड रहा है।

जैसे लाइब्रेरी में पड़ी हुई

पुरानी किताबें अपने ऊपर
लगी धूल से नाता जोड़ता है।
शायद मेरे अक्स का भी
कुछ ऐसा ही अद्भुत नाता है
उसके साथियों के साथ।

उनसे दूर नहीं
रह पा रहा है।

मैंने पूछा उससे
'अपने दोस्तों से मिलके
मुझे तो नहीं भूल जाओगे ?
वो क्या है न
जीवन के गुणा -भाग में
आजकल हम बहुत कम मिलते है।'

उसका जवाब आया
'जीवन के अंत तक
तुम्हारा साथ निभाऊँगा।
तुमने मुझे बचपन दिया है,
कई राहगीर भी दिए।
तुमने मुझे कविता दिया है।
तो बताओ, कैसे छोड़ दु तुम्हें?'

उसकी चंद बातें सुनके
आज माँ की बहुत
याद आ रही है।

काश उनको बता पाती
की 'देखो, मेरा अक्स मेरे साथ ही है
और हमेशा रहेगा।
उसने वादा क्या है।'

14. बड़े देर बाद आए

चंद घड़ियाँ है
जिनमें आज़ादी का महक है।
वरना तो उम्र भर
वक़्त की क़ैद में साँसें गिनते रहते हैं लोग।

आज की ये शाम
जैसे वक़्त ने चुपचाप
हमारे नाम लिख दी हो।
आज वक्त जो है मेहरबान ।
हवा में धीमी रौशनी का नर्म आँचल,
पेड़ों की छाँव में लहराती एक पुरानी धुन।

वक्त का ही तो सब खेल है
कभी वो हमे,
क़ैद करता है
कभी आज़ाद।

कभी दस्तक देता है
तो कभी दरवाज़ा भी नहीं खोलता।

आज वो पास है,
तो क्यों न उसे जी भर के जी लें?

अगर यूँ उठके
चले जाओगे मेरे महबूब
सितम सह नहीं पाऊँगी
तुमसे दूर होने की।
एक सर्द खामोशी
मेरे रूह की दीवारों पे जम जाएगी।

दिन के उजाले में,
मेरी झुकी नज़र
तुमसे वो बात न कर पाए शायद
जो आज की शाम में
कहने को बेकरार है।

रात के चादर में
बातों की नरमी से
इस वक्त को
क्यों न हम क़ैद कर ले
अपने ज़हन में?

ये शम्मा जलती रहेगी
आज के महफ़िल में
लोग जाम के नशे में
झूमते रहेंगे आज के महफ़िल में।

और ये रात कभी न आयेगी
तुम्हारे ज़िन्दगी में।

उम्र भर पछताओगे,
कि क्यों न कह पाए
वो बात
जो छिपी थी
तुम्हारे काँपते होंठों की ख़ामोशी में।

15. एक अनोखा सवाल

मैं 'प्रेम' को
प्रेम से लिखना चाहती थी।

एक सादगी से,
बिना किसी अलंकार के।

पर कलम वहीं रुक गई,
जैसे किसी पुराने ज़ख्म की तरह
जो अब भी जवाब माँगता है।

अंदर से एक सवाल उठा –
क्या 'प्रेम' को
ख़ुद से भी प्रेम है?

या ज़माने का वहम है?
क्या हम बस
उसके नाम पर जी रहे हैं?

क्या 'प्रेम' का
कोई आकार है?

जैसे मंदिर में जलती लौ का गोल घेरा,
या किसी हाथ से फिसलते रेत का ढेर?

अगर रंग है प्रेम का,
तो क्या वह सफेद है?

सफेद रंग में
क्या प्रेम 'शांत' और 'निशब्द' है?
जैसे बर्फ में लिपटी कोई पुकार?

या फिर काला?

जहाँ प्रेम मौन हो जाता है,
भीतर जलता है
पर रोशनी नहीं देता?

या शायद लाल –
बावला, उन्मादी,
जो हर होश को
इश्क़ के पागलपन में रंग देता है?

क्या ऐसा कोई राज है
जो 'प्रेम' से नाराज है?

प्रेम होता कैसा है?
उसको जिया कैसे जाता है?

मैं ऐसा क्या लिखूँ जो
'प्रेम' को पसंद है?

मैंने कोशिश की
उसे शब्दों में बाँधने की,
पर प्रेम कभी
कविता से खुश नहीं होता।

वो तो छूने में नहीं,
छूट जाने में है।
वो कहने में नहीं,
सुनने की चुप्पी में है।

क्या मैं उसे
उसकी तरह ही लिख पाऊँगी –
बेहिसाब, बेहिसाब,
जैसे आँखों से बहती
कोई याद?

उसे महसूस तो होगा ना
ये ज़माने भर का दर्द और ख़ुशी?
या उसे कोई फ़र्क़ ही नहीं पड़ता।

मैं सोचती हूँ,
क्या वाक़ई में
मैं उसे समझ पाई हूँ?
या सिर्फ़

उसे महसूस कर पा रही हूँ –
जैसे कोई गीत,
जो बजता तो है
पर शब्द कभी नहीं देता।

मैं 'प्रेम' को प्रेम से
कैसे लिखूँ?

16. खिलौना

कहाँ हो?
कैसे हो?
आसपास हो?
या कहीं बहुत दूर...?

बड़े साल हो गए
तुम मिलने नहीं आए।

तुम्हें मेरी याद नहीं आती?
या जान-बूझकर
मुझे याद नहीं करते हो –
कि कहीं लोग ये न कहें
"अरे, अब भी ये बच्चा बना फिरता है।"

ख़ैर...
अगर दुनिया की परवाह है,
तो शुक्र है,
तुम मेरे पास नहीं हो।

मुझे तुम्हारी मासूमियत से प्यार था,

ना कि दुनिया के बनाए हुए
उस कठपुतली से
जिसमें अब तुम्हारा चेहरा ढल चुका है।

मैं अब भी
तुम्हारे घर के उसी कोने में
तुम्हारा इंतज़ार करता हूँ।

तुम्हारी माँ कभी-कभी
मुझे सहलाकर,
धीरे से साफ़ करके
आलमारी में सजा देती है –

जैसे मेरी आँखों में
अब भी तुम्हारा अक्स देखा करती हों।

मैंने कई बार
लोगों को उनसे कहते सुना है –
"अरे, इसे क्यों संभाल के रखा है?
रद्दी में डाल दो...
अब किस काम का?"
वो बस मुस्कुराती हैं,
हल्के से मुझे थाम लेती हैं,
और कहती हैं –
"यही तो है जिसे देखकर
अब भी उम्मीद बँधती है –
कि एक दिन वो लौटेगा ज़रूर।"

आओगे न तुम?
क्या तुम्हें
अपना बचपन फिर से
थोड़ा सा भी जीने का
मन नहीं करता?

माँ से छुप-छुप कर
हमने जो दिन और रातें बाँटी थीं,
याद है?

बिस्तर का एक कोना
जहाँ तुम मुझे सुलाया करते थे –
कभी तकिए के नीचे,
तो कभी चादर के भीतर,
जहाँ डर नहीं था,
सिर्फ़ दोस्ती थी।

अब वो कोना भी
खाली है...
तुम्हारे लौट आने के इंतज़ार में।

17. भाषाओं की ज़ुबानी

हमारी 'एक' ही ज़ुबानी है
जिसे चाशनी में
डुबोके हमने तैयार की है।

हमारे चाल पे
दुनिया नाचती है।
कभी माँ की
लोरी में बस्ते है।
कभी किताबों के
पन्नो में।

हमारे कई नाम है,
पर हम धड़कते है
बस एक में।
वो हो 'तुम'।
हाँ, तुमसे कह रहा हूँ।

तुम वही हो न
जो हमारे नाम से
देश बाटते हो?

अपने अहम की जीत के लिए
हमारे सादगी से
छेड़खानी करते हो?

कभी हमसे पूछा है
की हमे क्या चाहिए?

हम बस महज़ शब्द नहीं है
हम में भावनाएँ बसी है।

जब कोई बच्चा माँ
पुकारता है
तो वो शब्द नहीं
एक सुंदर भावना होती है।

जब दो अजनबी
आपस में कुछ बोले,
तो वो बहुत सुंदर संवाद होता है।

हमारा मिज़ाज कुछ ऐसा है
की हम गुड़ में डूबे
यादों की तरह रहना चाहते है।

हम 'अनेक' में भी
एक रहना चाहते है।

हमे दुनिया में लाने वाले
तुम हो।
तो फिर हमारी धड़कन
से बेखबर कैसे हो?

हमारी 'एक' ही ज़ुबानी है
जो बहुत ही रूहानी है।

18. Letter Box

अगले कविता का शीर्षक
सोच रही थी।
असल में काफ़ी दिनों से
कलम और डायरी में
द्वंद्व चल रहा था।

ऐसा लग रहा था
मेरी लिखने की छमता
ख़त्म हो रही है।
तभी नज़र
रास्ते के किनारे बैठा हुआ
पुराना letter box में पड़ी।

एक अद्भुत तरीके से
मुझे देख रहा है।
मानो की
मुझे पुकार रहा है।

उसके पास जाते ही,
हवाओं की झोंको के तरह

एक अद्भुत महक
मेरे जिस्म से लिपट गया।

ऐसा लग रहा है
जैसे मेरे शरीर के अंदर
कई चेहरे है।
जो मुझे
कुछ कहने की कोशिश कर रहे है।

मैं समझ नहीं पा रही हूँ
की मुझे बेचैनी क्यों हो रही है?
मेरी आँखों के सामने
कई चेहरे आपस में बात कर रहे है।

क्या वो वही है
जो मेरे शरीर के पिंजरे में
क़ैद हो गए थे?

इनकी आँखें मुझे क्यों देख रहे है?
मैं चाहु
तब भी मेरी ज़ुबान लड़खड़ा रही है।

मैंने आँखें बंद की
और letter box के लाल रंग को
मेरे आँखों के बीचों-बीच
देखने की कोशिश कर रही हूँ।

वो मुरझाया हुआ लाल रंग
मेरे ललाट में
तीसरी आँख की तरह
प्रकाशित हो रहा है।

अब सारे चेहरे उसी
एक बिंदु पे आके क्षीण हो रहे है।

मैं अब शांत हूँ,
कोई बेचैनी नहीं।
धीरे धीरे आँखें खोली।

दादाजी जी के
किसी पुराने जैकेट की लाल रंग की तरह
मुरझाया हुआ letter box मेरे सामने।

आज वो चुप है,
नीचे गिरे सूखे पत्तों की तरह,
कोई नहीं आता अब पूछने –
“चिट्ठी आई क्या?”

कितना अजीब है न?
वो letter box आज भी वहीं है –
जैसे वक़्त का एक कोना,
जो रुका हुआ है,
सिर्फ़ एक चिट्ठी का इंतज़ार करता हुआ।

19. इंतज़ार की थाली

आज स्कूल की छुट्टी है,
मैंने उसे कॉल किया –
"आ रहे हो न तुम आज?"

उसकी 'हाँ' में
जैसे मेरे पूरे दिन की तैयारी छुपी थी।
मैं इतनी उत्सुक थी...

टेबल में कौनसे रंग का कपड़ा बिछाऊ?
अच्छा, जयपुर से जो हम लाए थे,
वही बिछा देती हूँ।

उसे *orchids* बहुत पसंद हैं,
बाज़ार से कुछ *orchid sticks* और
सुगंधित *candles* ले आई।

खाने में क्या बनाऊ?
रोगन जोश?
हाँ... उसे बेहद पसंद है।

बहुत दिन हो गए
साथ में समय बिताए हुए।
आज बड़े दिनों बाद
साथ में खाना खाएँगे।

सबसे ख़ास बात,
मैं पहनूँ क्या? ड्रेस या साड़ी?
मेरी आँखें *wardrobe* की ओर टिक गईं।
तभी मेरी नज़र
उसकी दी हुई लाल साड़ी पर पड़ी।

लाल रंग... उसे बहुत पसंद है,
ऐसा उसने कभी ज़िक्र किया था।

मैं तैयार बैठी,
उसका इंतज़ार कर रही हूँ।

शाम के 6 बजे हैं,
वो बस आता ही होगा।

मेरी नज़र –
बस घड़ी और दरवाज़े में अटकी है।

रात के 8 बज गए,
वो अभी तक नहीं आया।
मैं बार-बार फ़ोन कर रही हूँ,

पर... *switched off*।

इंतज़ार की घड़ी ख़त्म नहीं हो रही।
कब 8 से 9,
और 9 से 12 बज गए –
पता ही नहीं चला।

मैं अपनी थाली
dining table पर रख
बेदिली से *bedroom* में चली गई।

इतनी गहरी नींद सोई
कि पता ही नहीं चला
कब सुबह की किरणें
मुझे छूकर
चुपचाप दूसरी दिशा में चली गईं।

फ़ोन पर
एक भी *missed call* नहीं।

मैंने *dining table* पर रखी
थाली को देखा...
और कहा:

"तुम अकेले थे...
और अकेले ही रहोगे,

साथ देने वाला
कहीं गुम हो गया।"

20. कहानी का आख़िरी चैप्टर

बस अभी-अभी
एक कहानी मैंने ख़त्म की है।

किरदारों की भूमिका
बस... यहाँ तक थी।

मैंने जिया है उनको
हर पल, हर लम्हा।

कई दिन लगे
उन्हें जन्म देने में।

फिर उनको
एक बच्चे की तरह
मैंने बड़ा किया।
जैसे-जैसे कहानी बढ़ती गई,
वो मुझमें उतरते गए।

कभी वो हँसे,
तो मेरी आँखें मुस्काईं।

कभी वो टूटे,
तो मैं देर रात तक
कलम थामे काँपती रही।

असल में
'मैं' ही तो उन्हें जी रही थी।
मेरे हर स्पर्श में उनका रंग था,
हर साँस में उनकी गंध।

जब उन्हें दर्द होता था,
तब मैं बेचैन होती थी।

उनके चेहरे में हँसी होती, तो
मैं निश्चिंत होकर सो पाती थी।

आज कहानी का
आख़िरी चैप्टर ख़त्म हुआ।
ऐसा लग रहा है,
मेरे चारों तरफ़ सूनापन है।

कमरे की सारी दीवारें
थोड़ी और चुप हो गई हैं।

पर एक टीस-सी लग रही है।
ये तो नहीं कि
मैंने किरदारों के साथ धोखा किया है?
या फिर पूरी 'कहानी' के साथ?

मेरे और मेरे लिखने में
जो एक 'सोच' की जगह है,
उसमे शायद वे सारे किरदार
क़ैद हैं, जो बाहर निकलना चाहते हैं।

उन्हें इस कहानी से मुक्ति चाहिए।
पूरी कहानी में
इतना कुछ सहने के बाद
मैं उनको सामान्य
कैसे दिखा सकती हूँ?

सालों से एक अलग ही दुनिया
हम जी रहे थे,
साथ-साथ।

अचानक मैंने एक अंत ढूँढा
और कहानी 'ख़त्म'।
ये हिंसा है,
जिसका दुख उम्र भर
रह जाता है।

और ये अपराधबोध
मैं सह नहीं पाऊँगी।

ये कोई समाप्ति नहीं,
ये एक तरह की हिंसा है,

जिसका अपराधबोध
मेरे शब्दों में
हमेशा जीवित रहेगा।

क्या मैं उन किरदारों को
दूसरा मौक़ा दूँ?
नहीं, नहीं... उन्हें नहीं,
ख़ुद को मौक़ा देती हूँ।

एक नई कहानी लिखूँ,
जहाँ वे साँस ले सकें
अपने होने की पूरी जगह में।
जहाँ अंत...
एक शुरुआत होगा।

21. एक अजनबी मेरे शहर

ख़त पे उससे बात हुई थी
बस कुछ महीने पहेले।
वो मेरा पता पूछ रहा था
मैंने बिना सोचे
मेरा पता उसको चिट्ठी में
लिख दिया।

दोपहर का वक्त,
मैं अपने कमरे में
कोरा पन्ना लेके बैठी हूँ।

लिखने की कोशिश कर रही हूँ।
पर जो भी शब्द मेरे
आस पास घूम रहे थे
वो अजनबी से लग रहे थे।

उनका मेरे पुराने कहानी से
कोई लगाव या रिश्ता नहीं था।
उनको 'आज' में जीना था
और मैं कल में

अभी भी डुबकी लगा रही थी।

तभी दरवाज़े से भाग के
मेरा बेटा आया
'माँ एक अजनबी तुमसे मिलने के लिए बोल रहा है'।

दरवाज़े में खड़ा 'एक अनजाना चेहरा'
मुझे देखके मुस्कुरा रहा है।

'माफ़' कीजिएगा,
बिना बताए आपके चौखट तक पहुँच गया'।

मेरे ललाट में
प्रश्न चिह्न उससे छुप नहीं पाया।

"आपसे ख़त में बात हो रही थी।
मैं भारत से आया हूँ।"

मुझे उसी वक्त समझ में आ गया
की मेरा पता पूछने वाला
आज मेरे पते में खड़ा है।

उसको मेरा शहर देखना था।
मेरे गलियों से गुज़रना था।
मेरे कहानी के किरदारों से
वो मिलना चाहता था।

मेरे घर के आस पास
रहने वाले चेहरों से मिलना था।

उसे अपनी कूचे
दिखाते-दिखाते मैं ख़ुद कहीं खो गई।

आस पास जितने चेहरे थे
मैंने इनको अपने कहानी में देखा है।
वो मेरे मनगढ़ंत शब्दों के किरदार थे।

मैं उस अजनबी को समझा नहीं पा रही हूँ
की मैं विस्मित हूँ।
वो किरदार मेरे कहानी में जी रहे थे
या मेरी कहानी उनमें?

मेरी उलझन से भरी चेहरा
उसको साफ़ नज़र आ रहा है।
वो मेरी किताब अपने
बैग से निकालके मेरे हाथ में थमाया
'ये आपकी कहानी है
वो किरदार भी आपकी है
आप निश्चिन्त रहे
वो आपको कभी छोड़ेंगे नहीं।

आपने जिया है उनको
बहुत समय तक।'

और ऐसे वो मेरे दुखों में
शामिल होता गया
और सूख में
मेरा दोस्त।

वो चला गया
पर, एक नई और चमत्कारी
कहानी की शुरुवात करवाके।

www.ingramcontent.com/pod-product-compliance
Lightning Source LLC
LaVergne TN
LVHW050755051026
849532LV00008B/2879
9789371569514